Franz Jägerstätter_Christ und Märtyrer

Mit handschriftlichen Originalzitaten aus seinen Briefen
und Aufzeichnungen

Herausgegeben vom
Bischöflichen Ordinariat der Diözese Linz

Inhalt

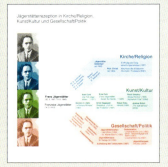

Vorwort

Sich Christ zu nennen bedeutet im selben Atemzug, sich in der konsequenten Nachfolge Jesu Christi in der Welt zu bewähren. Am 9. August 1943 wurde der aus St. Radegund stammende Franz Jägerstätter in Brandenburg an der Havel von den Nationalsozialisten enthauptet. Die NS-Diktatur hatte den Familienvater, Bauern und Mesner aus St. Radegund wegen „Wehrkraftzersetzung" zum Tod verurteilt. Aus religiösen Gründen hatte er sich geweigert, mit der Waffe im Krieg der Nationalsozialisten zu kämpfen. Franz Jägerstätter hatte sich sein Gewissensurteil gebildet, für ihn war dieses die oberste Instanz. Er hatte seine Entscheidung, deren Konsequenz ihm vollends bewusst war, mit seinem eigenen Leben besiegelt. Trotz mehrmaliger Versuche seiner Umgebung ihn umzustimmen, konnte er Gott und seiner Überzeugung nicht untreu werden. Allein seine Frau Franziska stand ihm auf seinem Weg zum Martyrium treu und unterstützend zur Seite, auch sie sich der Folgen voll bewusst.

Die Seligsprechung Jägerstätters erfüllt mich mit Freude, denn sie macht deutlich, dass sein Weg der Frohbotschaft Jesu, dem Willen Gottes, entsprochen hat, und hebt zugleich und besonders die Bedeutung des religiös gebildeten Gewissens hervor.

Franz Jägerstätter lehrt uns, hinter die Fassade zu blicken. Er, der einfache oberösterreichische Bauer und Mesner, hat ein inneres Gespür dafür gehabt, gefährliche und menschenzerstörende Entwicklungen, die im Ansatz schon früh da waren, zu erkennen. Er hat hinter die Masken der NS-Propaganda und die Rhetorik der Verführung geschaut und einen Weitblick getan wie damals nur die wenigsten seiner Zeitgenossen.

Möge uns der selige Franz Jägerstätter ein großes Vorbild im konsequenten Glauben an einen befreienden Gott und in der bewussten Bildung des eigenen Gewissens sein. Sein Lebensbeispiel soll auch uns wach halten, um gefährliche, menschenverachtende und menschenzerstörende Entwicklungen in Gesellschaft und Politik zu erkennen und dagegen aufzutreten.

+ L. Schwarz

Dr. Ludwig Schwarz SDB
Bischof von Linz

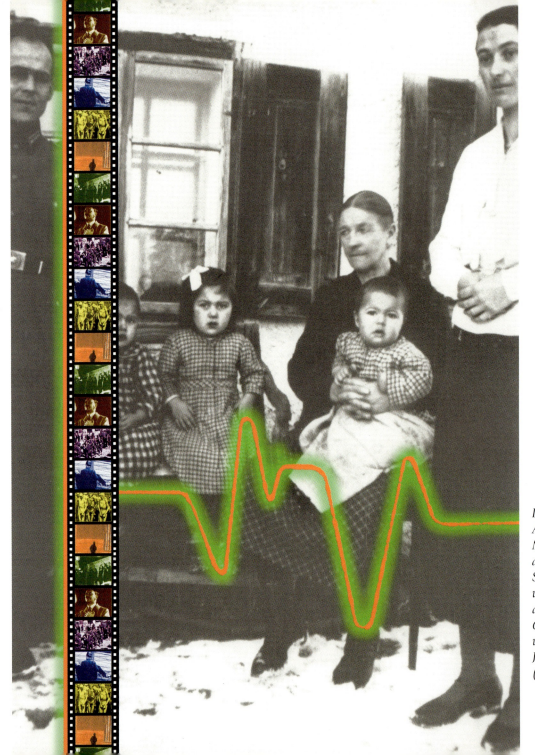

*Prämierte
Arbeit von
Miriam Plank
aus dem
SchülerInnen-
wettbewerb
anlässlich des
60. Todestages
von Franz
Jägerstätter
(2003)*

Franz und Franziska Jägerstätter:
„Offensichtlich zeigt Gott manchmal seine Kraft"

Erna Putz

Am 20. Mai 1907 bringt Rosalia Huber in St. Radegund, Bezirk Braunau, einen Sohn Franz zur Welt. Als Dienstboten sind sie und der Vater, Franz Bachmeier, zu arm um heiraten und eine Familie ernähren zu können. Der kleine Franz wird von seiner Großmutter Elisabeth Huber, einer tiefgläubigen und liebevollen Frau, erzogen. Während des 1. Weltkriegs herrscht in der Region große Lebensmittelknappheit. Franz Huber wird als armes Kind in der Schule benachteiligt, was ihn mehr schmerzt als der Hunger. 1917 kann seine Mutter den jungen „Leherbauern" heiraten und ihr Kind zu sich nehmen. Der Ehemann der Mutter adoptiert Franz und gibt ihm den Namen „Jägerstätter".

Die neue Heimat auf dem Leherbauernhof bringt für den Buben einen neuen Erfahrungsbereich. Der „Großvater" Mathäus Jägerstätter besitzt religiöse und geschichtliche Bücher und hat eine Zeitung abonniert. Franz wird zum eifrigen Leser. Lesen können bedeutet für ihn die Möglichkeit, sich zu informieren und zu bilden. Lesen scheint ihm die Bildungs- und Orientierungsmöglichkeit schlechthin, eines jener Talente im biblischen Sinn, für das

in der Ewigkeit Rechenschaft abgelegt werden muss. Noch vor 1938 stellt Franz Jägerstätter für seinen heranwachsenden Patensohn Lebensrichtlinien zusammen: „…ein Mensch der nichts liest, wird sich nie so recht auf die Füße stellen können, sie werden oft nur zum Spielball anderer."

Als 20jähriger verlässt Franz Jägerstätter Elternhaus und Heimatort und arbeitet für drei Jahre im steirischen Erzberg. Im Arbeitermilieu gibt er vorübergehend seine Glaubenspraxis auf, erlebt eine ernste Sinnkrise, kommt aber als tief gläubiger Mensch 1930 in seine Heimat zurück. Seine Zeitgenossen erinnern sich an einen liebenswürdigen und lebensfrohen Menschen. Er ist am technischen Fortschritt interessiert und erwirbt als erster im Dorf ein Motorrad. 1933 wird Franz Vater der Tochter Hildegard. Die Mutter des Kindes, Theresia Auer, Magd auf einem Nachbarhof, sagt später: „Wir sind im Frieden auseinander gegangen, er hat mich um Verzeihung gebeten." Zwischen Vater und Tochter besteht eine gute Beziehung.

1936 heiratet Franz Jägerstätter die Bauerstochter Franziska Schwaninger aus dem benachbarten Hochburg.

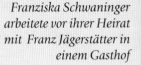

„Maschindreschen" in St. Radegund, Mitte der 20er Jahre, Jägerstätter als erster oben links im Torbogen

Franziska Schwaninger arbeitete vor ihrer Heirat mit Franz Jägerstätter in einem Gasthof

Auf seinen Vorschlag hin machen sie eine Hochzeitsreise nach Rom. Das glückliche Paar bewirtschaftet den Leherbauernhof. Das Glaubensleben des jungen Bauern wird in der Ehe entscheidend vertieft. Franziska ist von der pfarrlichen Jugendgruppe wie vom gläubigen Elternhaus geprägt: Sie regt ihn zur Bibellektüre und zum gemeinsamen Beten an. Franziska sagt über diese Zeit: „Wir haben eins dem anderen weiter geholfen im Glauben." Im Dorf fällt auf, dass Franz seit seiner Heirat häufig zur Kommunion geht. Die Kinder Rosalia, Maria und Aloisia vervollständigen das Glück. Franz bemerkt einmal: „Ich hab mir nie vorstellen können, dass Verheiratetsein so schön sein kann."

Ab Jänner 1938 fühlt sich Franz Jägerstätter durch einen Traum vor dem Nationalsozialismus gewarnt. Ein Zug, der unzählige Menschen ins Verderben führte, „entschleiert" sich ihm als die NSDAP mit all ihren Gliederungen. Nach deren Machtübernahme in Österreich lehnt er jede Zusammenarbeit mit dem NS-Staat und jeden Vorteil durch ihn ab. Schikanen gegen Priester und Religion sind ihm wichtige Beurteilungskriterien.

Dass die Kirche zum Geschehen in der NS-Zeit und zum Krieg schweigt, bedauert Jägerstätter. Er beurteilt den Aufruf der österreichischen Bischöfe, am 10. April 1938 für den Anschluss Österreichs zu stimmen, als ein „Sich-gefangen-nehmen-lassen" der Kirche. Diese liege seitdem in Fesseln und habe mit ihrem Schweigen quasi die Existenzberechtigung aufgegeben: „Werden da einem (mit) Kirchen noch etwas geholfen sein, wenn man nicht mehr viel oder gar nichts mehr glaubt? Sind die Priester (ist uns mit den Priestern) noch so viel geholfen, wenn man nicht mehr viel oder gar nichts mehr glaubt? Ist vielleicht ein Arzt (ist uns mit einem Arzt) viel geholfen, wenn man ihn zu einem Menschen holt, der an schwerer Blutung darniederliegt und dem Arzt ist es verboten, dem Patienten einen Verband anzulegen?"

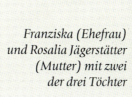

Jägerstätter war als umgänglicher und geselliger Mann beliebt

Franziska (Ehefrau) und Rosalia Jägerstätter (Mutter) mit zwei der drei Töchter

1940/41 dient Franz Jägerstätter als Kraftfahrer in der Deutschen Wehrmacht. Im Dezember 1940 wird er zusammen mit einem Mitsoldaten in den Dritten Orden des hl. Franziskus eingekleidet. Auf Betreiben der Heimatgemeinde St. Radegund wird er im April 1941 als Bauer für „unabkömmlich" erklärt und kann zu seiner Familie zurückkehren. Ab dieser Zeit wird ihm klar, dass er einer weiteren Einberufung nicht mehr Folge leisten würde. Mittlerweile hat er von Morden an psychisch Kranken erfahren; er geht davon aus, dass die NSDAP die christliche Religion verdrängen und ersetzen will. Nachdem Franz Jägerstätter im Familien- und Freundeskreis seine Absicht, einen weiteren Wehrdienst zu verweigern, äußert, setzt starker Druck ein, die Entscheidung zu ändern. Ihm wird vorgeworfen, er versündige sich gegen das 4. Gebot, er sei hochmütig und ungehorsam, oder ein Selbstmörder.

In ausführlichen Aufzeichnungen legt Franz Jägerstätter die Beweggründe seines Handelns nieder: Er sieht

Dr. Manfred Scheuer
Diözesanbischof von Innsbruck

Er lebte und glaubte quer zum Zeitgeist. Dabei war er dem Evangelium mit den Seligpreisungen und mit dem Liebesgebot näher als die meisten damals. Unter den vielen Stimmen der Propaganda, unter den Rufern der Angst und unter den Worten der Abwägung hat er den Hl. Geist herausgehört. Er ist einer, in dem das erste Gebot Leben geworden ist. Vertraut ist er mir und fremd, dankbar für seine Nähe bin ich und berührt durch den Stachel, der die Erinnerung an ihn auch ist.

es als persönliche Schuld, mitzukämpfen und Menschen zu töten, damit das gottlose NS-Regime siegen und immer mehr Völker unterjochen könne. Wenn es tatsächlich um

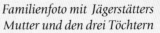

Jägerstätter nach seiner Rückkehr aus der Steiermark; er besaß das erste Motorrad im Dorf.
V.l.: Ziehschwester Aloisia, Mutter Rosalia, Adoptivvater Heinrich, Franz Jägerstätter und ein Besucher

Familienfoto mit Jägerstätters Mutter und den drei Töchtern

die „Befreiung des russischen Volkes" ginge, wie die Propaganda vorgibt, hätten „Erze, Ölquellen und ein guter Getreideboden" keine Rolle spielen dürfen. Für den jungen Bauern war der Nationalsozialismus um nichts besser als der Bolschewismus, höchstens hinterlistiger.

Franz betet und fastet und berät sich mit befreundeten Priestern. Weder diese Priester noch Bischof Joseph Calasanz Fließer, den er ebenfalls um eine Aussprache bittet, können seine Argumente entkräften. Die Verantwortung für sein Handeln kann Franz Jägerstätter nur selbst tragen und auf niemand anderen abschieben, auch wenn der Bischof meint, als Familienvater sei es nicht seine Sache zu entscheiden, ob dieser Krieg gerecht oder ungerecht sei, das sei Sache der Obrigkeit.

Aber Franz kommt zu einem eindeutigen Schluss: „Keiner irdischen Macht steht es zu, die Gewissen zu knechten." Seine Erkenntnis, sein Glaube scheinen ihm nicht nur Last, sondern auch Gnade zu sein. Das Gewissen ist für Franz Ort der Begegnung mit Gott, der Gehorsam einfordert, Ort der Nachfolge Christi. Um Stärke und Klarheit zu gewinnen, besucht er jeden Tag die Messe. So überträgt ihm Vikar Fürthauer den Mesnerdienst. Der

„0, wir armes, durch Größenwahn verblendetes deutsches Volk, werden wir noch einmal zur Vernunft gelangen?"

Als Mesner bei einem Begräbnis; Jägerstätter rechts (von Fahnenstange verdeckt)

Jägerstätter absolvierte 1940/41 Grundausbildung und Einsatz bei einer Kraftfahreinheit der Wehrmacht

Mensch, der seine Motive am ehesten versteht, ist seine Frau Franziska: „Wenn ich nicht zu ihm gehalten hätte, hätte er gar niemanden gehabt."

Ende Februar 1943 wird Franz Jägerstätter erneut einberufen. Er spricht in der Kaserne Enns seine Verweigerung aus und wird in das Wehrmachts-Untersuchungsgefängnis im Linzer Ursulinenkloster überstellt. Zwei Monate Haft in Linz mit Folter und Schikanen bewirken große Krisen. Der junge Bauer ist in Gefahr, seinen Glauben zu verlieren; auch die Versuchung zum Selbstmord bleibt ihm nicht fremd. Das erfahrene Glück mit Franziska ist ihm ein bleibender Hinweis auf die Gegenwart Gottes.

Anfang Mai wird Franz Jägerstätter überaschend in das Wehrmachtsuntersuchungsgefängnis Berlin-Tegel überstellt. Er bittet, zum Sanitätsdienst zugelassen zu werden, was aber abgelehnt wird. Am 6. Juli 1943 wird Franz Jägerstätter „wegen Zersetzung der Wehrkraft zum Tode sowie zum Verlust der Wehrwürdigkeit und der bürgerlichen Ehrenrechte verurteilt". In Berlin-Tegel spricht er ausführlich mit Gefängnisseelsorgern. Durch Pfarrer Heinrich Kreutzberg erfährt er, dass ein Jahr zuvor der österreichische Palottiner Pater Franz Reinisch aus denselben Gründen den Wehrdienst verweigert hat und dafür gestorben ist. Diese Mitteilung gibt ihm in seiner Lage Halt und Trost.

Für Franz sind die Feste des Kirchenjahres in seiner Zelle wichtiger Halt. Er macht selbst einen Kalender. Besonders verbunden fühlen sich die beiden Jägerstätters mit dem leidenden Jesus. Sie erinnern sich gegenseitig an dessen Ölbergstunden. Franz schreibt im Gefängnis: „Christus ist nicht nur die leidende Knechtsgestalt des Karfreitags, sondern auch der Todesüberwinder des Ostermorgen." Eine Karte mit einem Marienbild und die Veilchen, die ihm seine Tochter Rosi geschickt hatte, bilden seinen Altar, vor dem er täglich eine Maiandacht

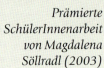
Jägerstätter (3. v. li.)
als Soldat beim
Motorradeinsatz
(1940/41)

Prämierte
SchülerInnenarbeit
von Magdalena
Söllradl (2003)

aus dem rahmen der
gesellschaft

hält. Am Palmsonntag und dem Fronleichnamstag fühlt er sich seinen mitfeiernden Kindern sehr verbunden.

Auch die Lektüre der Bibel ist ihm ein wichtiger Halt. Er aktualisiert das Neue Testament in seiner Situation. Seine Aufzeichnungen befassen sich mit einem Thema des 1. Johannesbriefes – „Gott ist die Liebe"; er erwartet in innerem Frieden den Himmel. Es fällt ihm sehr schwer, die Eucharistie nicht mitfeiern zu können. Er schreibt aus dem Gefängnis, dass er 100 km zu Fuß gehen würde, wenn er eine Messe mitfeiern dürfte. Er bietet Gott sein Leben als „Sühnopfer" an, nicht bloß für seine Sünden, sondern auch für die Sünden anderer.

Am 9. August 1943 wird Franz Jägerstätter nach Brandenburg/Havel gebracht und dort um 16 Uhr ent-

„Haben sie denn heute, wo man schon mehr als zwei Jahre ein grauenhaftes Menschenmorden betreibt, ein anderes Programm, dass dies alles jetzt für erlaubt oder für nichtssagend gelten würde?"

Bild von den drei Töchtern
Jägerstätters, das ihm ins
Gefängnis geschickt wurde,
und ihm Freude und „feuchte
Augen" brachte
(Fronleichnam 1943)

Prämierte SchülerInnen-
arbeit von Franziska
Schweiger (2003)

Ganz rechts: Jägerstätters
Grab, St. Radegund

hauptet. Dechant Albert Jochmann, der ihn am Nach-
mittag begleitet, erzählt österreichischen Ordensfrauen
am selben Abend: „Ich bin heute dem einzigen Heiligen in
meinem Leben begegnet. Das ist ein Landsmann von
euch, ich muss euch gratulieren."

Franziska Jägerstätter erzieht die Kinder, führt den
Hof und besorgt bis zum Jahr 2002 den Mesnerdienst der
Pfarre St. Radegund. Sie meint über ihr Leben: „Es war ein
langer Karfreitag, aber jetzt bin ich wohl schon näher am
Ostermorgen."

Dr. Heinz Fischer
*Bundespräsident der Republik
Österreich*

*Franz Jägerstätter, Bauer aus St.
Radegund in Oberösterreich, bot
aus seiner katholischen Überzeu-
gung heraus diesem totalitären Regime die Stirn.
Er weigerte sich aus Glaubensgründen, mit der
Waffe für Kriegsziele zu kämpfen, obwohl er wusste, was das für ihn bedeuten würde. Seine Hin-
richtung im Jahr 1943 ist für uns Österreicher
auch heute noch ein mithin sichtbarer Beweis, dass
es Menschen gibt, die selbst in Todesangst ihre
Überzeugungen nicht aufgeben.
Das Beispiel Franz Jägerstätters hat zeitlose
Aussagekraft. Wir können auch heute von ihm ler-
nen, dass eine von Mut und Charakterstärke getra-
gene humane Grundhaltung ein ganz wichtiges
Element für ein friedliches Zusammenleben ist.
Franz Jägerstätter hat der Überzeugung, dass der
Mensch im Mittelpunkt der Politik stehen muss,
sein Leben geopfert.*

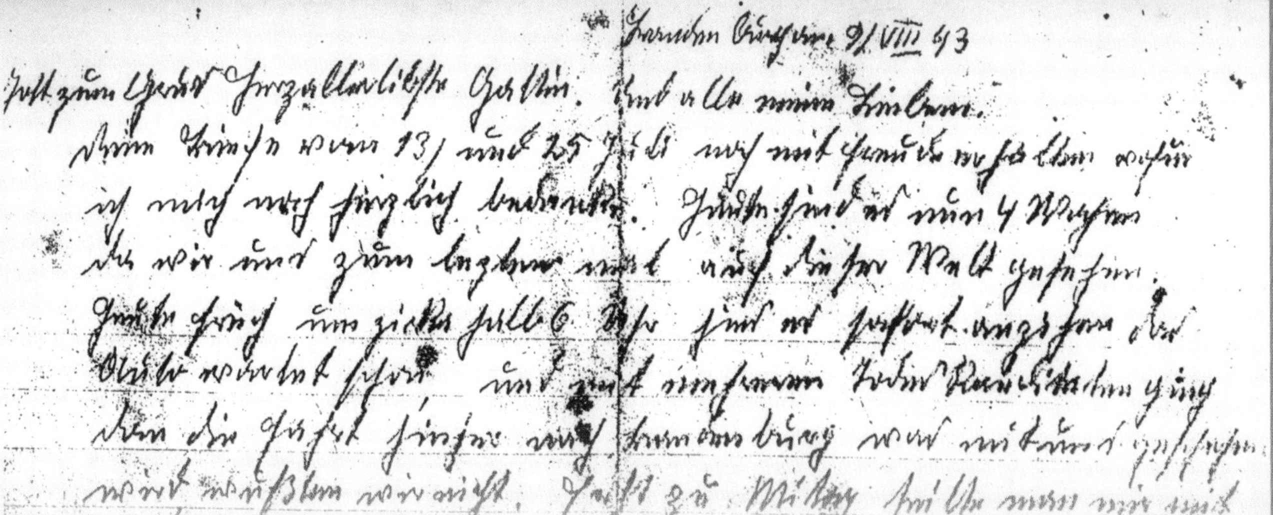

[Handschriftlicher Text]

Brandenburg, am 9/VIII 43

Gott zum Gruß Herzallerliebste Gattin. Und alle meine Lieben.

Deine Briefe vom 13. und 25. Juli noch mit Freude erhalten, wofür ich mich noch herzlich bedanke. Heute sind es nun 4 Wochen da wir uns zum letzten Mal auf dieser Welt gesehen. Heute früh um zirka halb 6 Uhr hieß es sofort anziehen, das Auto wartet schon, und mit mehreren Todeskandidaten ging dann die Fahrt hierher nach Brandenburg, was mit uns geschehen wird, wussten wir nicht. Erst zu Mittag teilte man mir mit, dass das Urteil am 14. bestätigt wurde und heute um 4 Uhr nachmittags vollstreckt wird. Will euch nun kurz einige Worte des Abschiedes schreiben. Liebste Gattin und Mutter. Bedanke mich nochmals herzlich für alles, das Ihr mir in meinem Leben alles für mich getan, für all die Liebe und Opfer, die Ihr für mich gebracht habt, und bitte Euch nochmals, verzeiht mir alles, was ich Euch beleidigt und gekränkt habe, sowie Euch auch von mir alles verziehen ist. Ich bitte auch alle anderen, die ich jemals beleidigt oder gekränkt habe, mir alles zu verzeihen, ganz besonders Hochw. Herr Pfr. wenn ich ihn durch meine Worte vielleicht noch sehr gekränkt habe, als er mich mit Dir besuchte. Ich verzeihe allen vom Herzen. Möge Gott mein Leben hinnehmen als Sühn-Opfer nicht bloß für meine Sünden, sondern auch für andere. Liebste Gattin und Mutter. Es war mir nicht möglich, Euch von diesen Schmerzen, die Ihr jetzt um meinetwegen zu leiden habt, zu befreien. Wie hart wird es für unsren lieben Heiland gewesen sein, dass er durch sein Leiden und Sterben seiner

lieben Mutter so große Schmerzen bereiten musste und das haben sie alles aus Liebe für uns Sünder gelitten. Ich danke auch unsrem Heiland, dass ich für ihn leiden durfte und auch für ihn sterben darf. Und vertraue auch auf seine unendliche Barmherzigkeit, dass mir Gott alles verziehen hat und mich auch in der letzten Stunde nicht verlassen wird. Liebste Gattin denke auch daran, was Jesus denen verheißen hat, für die, welche die 9 Herz-Jesu-Freitage halten. Und auch jetzt wird dann Jesus in der heiligen Kommunion noch zu mir kommen und mich stärken auf die Reise in die Ewigkeit. In Tegel hatte ich auch noch die Gnade, viermal die hl. Sakramente zu empfangen. Grüßet mir auch noch herzlich meine lieben Kinder, ich werde den lieben Gott schon bitten, wenn ich bald in den Himmel kommen darf, auch für Euch alle ein Plätzchen anzuschaffen. Habe in der letzten Woche die Himmelmutter noch öfter gebeten, wenn es Gottes Wille ist, dass ich bald sterbe, dass ich das Fest Maria Himmelfahrt schon im Himmel mitfeiern darf. Viele Grüße auch noch an Schwiegereltern, Schwägerin und allen Verwandten und Bekannten. Grüßet mir auch noch Bruder Mayer und ich lass mich noch schön für seinen Brief bedanken, der mich noch sehr gefreut hat. Auch bei Hochw. Karobath lass ich mich noch bedanken für sein Schreiben. Und nun alle meine Lieben lebet alle wohl und vergesset meiner nicht im Gebet. Haltet die Gebote und wir werden uns durch Gottes Gnade bald im Himmel wiedersehn! Herzliche Grüße auch noch an meine Firmpaten.
Es grüßt Euch nun alle noch vor seiner letzten Reise Euer Gatte, Sohn und Vater, Schwiegersohn und Schwager. Jesu Herz, Maria Herz und mein Herz seien ein Herz verbunden für Zeit und Ewigkeit. Maria mit dem Kinde lieb, uns noch allen Deinen Segen gib!

Jägerstätterrezeption in Kirche/Religion, Kunst/Kultur und Gesellschaft/Politik

Kirche/Religion

„Jägerstätter Gedenken" (ab 1983)

Eröffnung des Seligsprechungsprozesses (1997)

PAX- Christi (ab 1983)

Abschluss des diözesanen Informativ - Prozesses (2001)

Pf. A. Jochmann
Pf. H. Kreutzberg
Pf. J. Karobath
Pf. F. Krenn

Bischof T. D. Roberts (II. Vaticanum)

Franz Jägerstätter
(20. 5. 1907 – 9. 8. 1943)

Franziska Jägerstätter
(*4. 3. 1913)

Kunst/Kultur

Axel Corti
„Der Fall Jägerstätter…" (1971)

Erna Putz
„Franz Jägerstätter …besser die Hände…" (1985)

Pavel Smutny :
„Missa Heroica" (1999)
„Mysterium Fidei" (2004)

Gordon C. Zahn
„In Solitary Witness" (1964)

Ernst Degaspari
Bildzyklus: „Licht in der Finsternis" (1991)

Klaus Ihlau:
Hörbild (1995)

Joshua Sobol:
„The eye witness" (2003)

Inschriften:
- St. Radegund (Friedhofskapelle)
- Brandenburg/H. (kath. Kirche)

Sondermarke der österr. Post (1993)

Glasfenster:
Votivkirche (Wien)

Friedensbewegung

Gesellschaft/Politik

Jägerstätterstraßen:
- Linz Urfahr (1988)
- 14. Wiener Bezirk (1993)

Gedenktafeln:
- Ursulinenkirche Linz (1995)
- ehem. Reichskriegsgericht Berlin (1997)
- Ursulinenhof Linz (1997)

Jägerstätterhaus:
St. Radegund (1993)

Aufhebung des Todesurteils (1997)

Jägerstätterpark:
Braunau (2006)

Franz Jägerstätter: Ein jahrzehntelanger Auf- und Anreger (Etappen einer Wirkgeschichte)

Thomas Schlager-Weidinger

Franz Jägerstätter fordert immer noch heraus, regt auf und regt an. Mehr als 60 Jahre nach Kriegsende steht er noch immer zwischen Ablehnung und Hochschätzung, wenn auch die Hochschätzung enorm zugenommen hat. Der von Vertretern der Nazidiktatur zum Ehrlosen Gestempelte wird von Bundespräsident Klestil als „aufrechter Mann und großer Österreicher" gewürdigt und von Landeshauptmann Pühringer als „außerordentlicher Mensch" geehrt, „der zurecht in die Reihen großer Oberösterreicher einzureihen ist". Andererseits erregen mögliche Benennungen von Straßen, Brunnen oder einer Kaserne nach wie vor die Gemüter.

Am Verhalten kirchlicher Würdenträger in Österreich zeigt sich ebenfalls diese Zwiespältigkeit. Während die Bischöfe Fließer und Zauner sehr reserviert reagierten, drückte Bischof Aichern mehrmals seine Wertschätzung aus. Ab 1989 wurden in seinem Auftrag Personen als Zeugen einvernommen und am 7.10.1997 wurde der Seligsprechungsprozess offiziell eröffnet, an dem Kan. Msgr. Mag. Johann Bergsmann und Prof. Manfred

Scheuer als sogenannte Postulatoren maßgeblich beteiligt waren. Kardinal Schönborn und Bischof Scheuer bekennen oftmals den Stellenwert Jägerstätters im persönlichen, kirchlichen und gesellschaftlichen Leben. Viele Menschen, aber auch Päpste, Bischöfe, Bundespräsidenten, Landeshauptmänner, anerkannte Künstler und Medien setzten sich mit Jägerstätter auseinander. Wie konnte aus dem einfachen „Leherbauern", der manchen als Spinner galt, eine Person des öffentlichen Interesses werden?

Die ersten Versuche, Jägerstätter einer breiteren Öffentlichkeit zugänglich zu machen, wurden von Menschen unternommen, die mit ihm persönlich zu tun hatten. So versuchte der St. Radegunder Pfarrer Karobath im Juli 1945 über das Bischöfliche Ordinariat auf Jägerstätter aufmerksam zu machen, was jedoch aus verschiedenen Überlegungen heraus damals noch abgelehnt wurde. Den nächsten Anlauf unternahm Franz Krenn, ein ehemaliger Seelsorger von St. Radegund und Bekannter aus der Militärdienstzeit 1940/41 in der Ennser

Umschlag der deutschen Erstausgabe von Gordon Zahns Buch (1967)

Szene aus dem ORF-Dokumentarspiel „Der Fall Jägerstätter" von Axel Corti (mit Kurt Weinzierl in der Hauptrolle)

Kaserne; im März 1946 veröffentlichte das „Linzer Volksblatt" seinen Artikel. Die beiden Gefängnisseelsorger Heinrich Kreutzberg in Berlin und Albert Jochmann in Brandenburg sahen in Jägerstätter einen Heiligen und Märtyrer. Kreutzberg nahm schon kurz nach der Hinrichtung des Kriegsdienstverweigerers Kontakt mit dessen Frau auf, schickte u.a. eine finanzielle Unterstützung und veröffentlichte 1948 einen ersten Artikel, dem noch weitere folgen sollten. Durch ihn stieß der amerikanische Soziologe Gordon C. Zahn auf Jägerstätter, der durch seine 1964 erstmals erschienene Biographie („In Solitary Witness. The Life and Death of Franz Jägerstätter") dessen Leben international bekannt machte. Beachtenswert war auch, dass Erzbischof Roberts bei der Arbeit an der Pastoralkonstitution des II. Vatikanischen Konzils in einer schriftlichen Eingabe auf die einsame Gewissensentscheidung Jägerstätters verwies.

Dr. Josef Pühringer
Landeshauptmann von Oberösterreich

Franz Jägerstätter ist für mich ein Mann des festen und innigen Glaubens, er steht für starken Willen und Zivilcourage, und er war einer, der die vernichtende Tragweite des völkermordenden und menschenverachtenden nationalsozialistischen Regimes erkannt hatte. Sein Leben ist für uns Erbe und Auftrag. Vor allem unseren jungen Mitbürgern/innen soll das Leben des Franz Jägerstätters immer wieder näher gebracht werden, unter dem Gesichtspunkt, dass Werte wie Frieden, Freiheit, Gerechtigkeit und Glaube auch heute - in einem friedlichen Europa - unumstößliche Fixpunkte unseres Gesellschaftssystems sind.

1971 drehte Axel Corti für den ORF den Film „Der Fall Jägerstätter". Die Ausstrahlung dieses Dokumentarspiels erreichte hohe Einschaltquoten, musste mehrfach wiederholt werden und brachte eine österreichweite Diskussion ins Rollen. Immer öfter wurde St. Radegund von Menschen aufgesucht, die sich von diesem Zeugnis inspirieren ließen. Mit der 1985 erschienenen Jägerstätter-Biographie „… besser die Hände gefesselt als der Wille …" von Erna Putz und der späteren Veröffentlichung der Briefe Jägerstätters erreichte die öffentliche Aufmerksamkeit einen neuen Höhepunkt. Erna Putz bewirkte durch ihre konsequente Arbeit, dass im ganzen Land eine rege Auseinandersetzung stattfand. Sie initiierte und organisierte ab 1983 das alljährliche international besuchte geistige und liturgische Gedenken am Todestag (9.8.).

Franziska Jägerstätter unterstützte trotz anfänglicher Anfeindungen und Schwierigkeiten durch ihre Menschlichkeit und Offenheit, durch ihren Glauben sowie durch ihre Treue und Liebe zu Franz diese Bemühungen. Sie pflegte das Andenken an ihren Mann und verwahrte seine schriftliche Hinterlassenschaft. Sogar einen Axel Corti wies sie darauf hin, als sich dessen filmische Schilderungen nicht mit ihren Wahrnehmungen deckten.

Das ehemalige Wohnhaus der Familie Jägerstätter in St. Radegund wurde gleichermaßen Gedenk- wie Begegnungsort, insbesondere wenn Franziska junge Besucher in der warmen Stube empfing. Die internationale katholische Friedensbewegung „Pax Christi" engagierte sich für die Pflege des Gedächtnisses, setzte sich besonders in Österreich für Gedenkstätten und Gedenktage ein und verbreitete, in enger Verbindung mit Erna Putz, die selbst zu Pax Christi gehört, die geistige und geistliche Botschaft Jägerstätters.

45 PETER HOFBAUER 24.1.1945 LEON
14.4.1945 GEORG SAILER 23.2.1945
R 28.1.1945 LEONHARD RAMBICHLER
RBAL 25.8.1944/IN RUMÄNIEN·JO
R EICHELSEDER 9.1944 JOSEF FEL
UDWIG SCHMIDHAMMER 1944/IN
NESSINGER 16.3.1945/IN WIEN·PE
AMMER 12.3.1945/ KONRAD SINZIN
· FRANZ JÄGERSTÄTTER 9.8.1943

Denkmal für die Toten der beiden Weltkriege im Friedhof von St. Radegund (ganz links)

In der Justizvollzugsanstalt in Brandenburg/Havel wurde Jägerstätter am 9.8.1943 hingerichtet

Gedenktafel im Linzer Ursulinenhof, dem früheren Wehrmachtsuntersuchungsgefängn

Sr. Dr.ⁱⁿ Kunigunde Fürst
Generaloberin der Franziskanerinnen von Vöcklabruck

„Jägerstätter, ein Mann des Glaubens" - so wurde er unseren Schwestern in Brandenburg noch vor seinem Tod geschildert. Ich bin stolz, dass unsere Ordensgemeinschaft einen sehr persönlichen Bezug zu diesem einfachen und tiefgläubigen Innviertler Bauern hatte und hat: gewiss in seiner Haltung dem Hitler-Regime gegenüber, überzeugt von seinem Weg, klar in seiner Entscheidung, direkt in seinen Aussagen, geprägt von tiefem Glauben. Seine Bedeutung für uns drückt sich aus in der Namensgebung eines Gartenareals beim KH St.Josef in Braunau: Jägerstätter Park.

Wie die obige Abbildung zeigt, führte die Auseinandersetzung mit Jägerstätter zu heftig diskutierten Zeichen der Erinnerung im öffentlichen Raum: In den 50er-Jahren wurde in St. Radegund eine kleine Friedhofskapelle als Denkmal für die Gefallenen und Vermissten der Weltkriege gestaltet – auf Wunsch von Pfarrer Karobath steht auch Jägerstätters Name darauf. Man findet ihn ebenso auf einem Denkmal in der kath. Pfarrkirche von Brandenburg/Havel, welches für die Opfer ungerechter Gewalt in der dortigen Justizvollzugsanstalt errichtet wurde. Die Benennung einer Jägerstätterstraße in Wien und Linz, wie auch die ausgebliebene in Braunau, die zwar – so wie die eines Brunnens – 1993 in einer Gemeinderatssitzung beschlossen wurde, verdeutlichen den An- und Aufreger Jägerstätter. Seit 2006 gibt es einen Jägerstätterpark im Areal des Braunauer Krankenhauses. Diskutiert wurde auch eine Jägerstätterkaserne in Kirchdorf/K. und eine Jäger-

stätterbrücke zwischen Braunau und Simbach. Auch die Beschlüsse zur Anbringung von Gedenktafeln am ehemaligen Reichskriegsgericht in Berlin und im Linzer Ursulinenhof, dem früheren Wehrmachtsuntersuchungsgefängnis, verliefen ebenfalls nicht reibungslos. Neben dem Jägerstätterhaus sind noch ein Glasfenster in der Wiener Votivkirche und eine Sondermarke der österreichischen Post als öffentliche Zeichen der Wertschätzung erwähnenswert.

Auf der gesellschaftlichen Ebene muss die Wirkungsgeschichte Jägerstätters im Rahmen der US-amerikanischen Friedensbewegung und der internationalen Bewegung „Pax Christi" betont werden. Mit G. Zahn entdeckten US-amerikanische Bischöfe und Autoren Jägerstätter. Viele Katholiken protestierten unter Berufung auf sein Vorbild gegen den Vietnamkrieg; das Gefängnis war oft der Preis für diesen Widerstand.

Von großer Bedeutung sind die Aufhebung des Todesurteils durch das Landgericht Berlin (1997) sowie das Goldene Verdienstzeichen des Landes Oberösterreich für Franziska Jägerstätter (2007).

Auch Kunst- und Kulturschaffende wirkten an der Verbreitung des „Fall Jägerstätters" mit. 2003 schrieb der jüdische Autor Joshua Sobol das Theaterstück „Eye

„Wer aus Liebe handelt, wie es der Gerechte tut, fühlt das Gesetz Gottes mehr als Stütze, denn als Last."

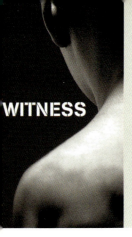

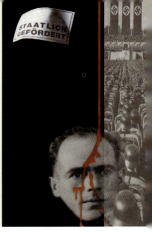

Witness - Augenzeuge", welches mit 240 Aufführungen in Tel Aviv zu einem Sensationserfolg wurde; als Beitrag zum Gedenk- und Jubiläumsjahr 2005 wurde es im oö. Landestheater aufgeführt. Das Sobol-Stück, welches auch 2006 am Mark Taper Forum in Los Angeles gespielt wurde, ist in einem konkreten politischen Zusammenhang entstanden: der Weigerung israelischer Piloten, palästinensisches Gebiet zu überfliegen und zu beschießen. Jägerstätter wird hierbei neu ins Rampenlicht gerückt – nicht als historische Figur, sondern als Sinnbild für jene, die der Stimme ihres Gewissens folgen. Auf regiona-

ler Ebene förderte das Volksstück „Das Vermächtnis" von Martin Winklbauer das Verständnis für die Entscheidung Jägerstätters in seiner Heimatregion.

Ein Beispiel für die bildende Kunst ist der von Ernst Degasperi gestaltete Zyklus „Licht in der Finsternis", der u.a. 1993 in der israelischen Gedenkstätte Yad Vashem zu sehen war. Der tschechische Komponist Pavel Smutny schuf die 2004 im Nationaltheater Prag uraufgeführte geistliche Kammeroper „Mysterium Fidei" über Franz und Franziska Jägerstätter. Er bezog hierbei seine große „Missa heroica in honorem Franz Jägerstätter" (1998/99)

"... wenn die Menschenfurcht nicht wäre, dann würde es, glaube ich, zahlreiche Heilige geben auf dieser Welt"

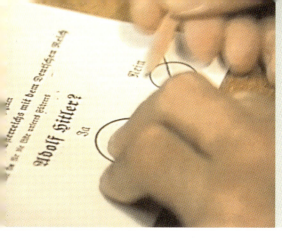

Szenenbild aus dem Jägerstätterfilm von Andreas Gruber (1988)

Papst Johannes Paul II. mit Franziska Jägerstätter und Jean Callo, Bruder von Marcel Callo (Mauthausen 1988)

mit ein. Der oberösterreichische Komponist Albin Zaininger näherte sich dem christlichen Wehrdienstverweigerer, indem er Teile seiner Texte vertonte. Auch mehrere große Filme verarbeiteten diese Thematik. Anders als Axel Corti wählte Andreas Gruber in seinem 1988 produzierten Film „Besser die Hände gefesselt als der Wille" die Perspektive Franziska Jägerstätters. Deutsche, holländische, englische und italienische Fernsehanstalten haben Dokumentationen über Jägerstätter produziert und gesendet. Klaus Ihlau gestaltete 1995 für Radio Brandenburg ein Hörfunk-Feature über Jägerstätter, das zwei internationale Preise gewann.

Neben den Begegnungen von SchülerInnen mit Franziska Jägerstätter ermöglicht die kreative Auseinandersetzung eine Annäherung. Die anlässlich des 60. Todestages eingesandten 560(!) Arbeiten des SchülerInnenwettbewerbes zeugen von der großen Resonanz, die dieser Mann bei jungen Menschen auslöst.

Dr. Maximilian Aichern
Altbischof von Linz

Franz Jägerstätter ist ein Vorbild für das Bemühen, Gott und den Glauben in den praktischen Fragen des Lebens wirklich ernst zu nehmen. Ohne jemanden zu verurteilen, der einen anderen Weg ging, ist er bis zur Hingabe des Lebens seiner Gewissensüberzeugung treu geblieben. Christen können nicht abseits stehen und sich heraushalten, wenn es um zentrale Fragen der Menschheit, um Verminderung von Rassismus und Ausländerfeindlichkeit, wenn es um Gott und die Zukunft geht.

Franz Jägerstätter möge auch den kommenden Generationen das sein, was er zu Lebzeiten und bis jetzt war: ein Auf- und Anreger, ein Mahner des Gewissens und der Wahrhaftigkeit.

Reichskriegsgericht
   2. Senat
<u>StPL (HLS) II 53/43</u>
StPL (RKA) I 98/43.
~~Rote Liste~~ 310/43

eing. d. **20. Juli 1943**

6.7.43

0685

Admiral

22. Juli

BD

P.

Im Namen
des Deutschen Volkes!

<u>F e l d u r t e i l .</u>

In der Strafsache gegen
    den <u>Kraftfahrer Franz J ä g e r s t ä t t e r ,</u>
    Stammkompanie der Kraftfahr-Ersatzabteilung 17 in Enns,
    geboren am 20.5.1907 in Radegund (Oberdonau),
    z.Zt. im Wehrmachtuntersuchungsgefängnis Berlin-Tegel
    in Haft
<u>wegen Zersetzung der Wehrkraft</u>
hat das Reichskriegsgericht, 2. Senat, in der Sitzung vom 6. Juli 1943,
an der teilgenommen haben
    als Richter:
        Reichskriegsgerichtsrat Lueben, Verhandlungsleiter,
        General der Flieger Musshoff,
        Vizeadmiral Arps,
        Generalmajor Schreiber,
        Oberkriegsgerichtsrat Ranft,
    als Vertreter der Anklage:
        Oberkriegsgerichtsrat Dr. Kleint,
    als Urkundsbeamter:
        Reichskriegsgerichtsoberinspektor Wagner,
für Recht erkannt:
    Der Angeklagte wird wegen <u>Zersetzung der Wehrkraft zum Tode</u>
sowie zum Verlust der Wehrwürdigkeit und der bürgerlichen Ehrenrechte
verurteilt.

          Von   Rechts   wegen.

                                     <u>Gründe.</u>

G r ü n d e.

I.

Der Angeklagte Franz Jägerstätter wurde am 20. Mai 1907 in Radegund (Oberdonau) als Sohn eines Landwirts geboren. Nach 8-jährigem Besuch der Volksschule arbeitete er in der Landwirtschaft und im Bergbau. Er ist Eigentümer eines Landgutes in der Grösse von 18 Joch. Er ist verheiratet und Vater von drei Kindern im Alter von drei bis sechs Jahren.

Am 17. Juni 1940 wurde er zum aktiven Wehrdienst nach Braunau am Inn eingezogen, auf den Führer und Obersten Befehlshaber der Wehrmacht vereidigt, aber nach einigen Tagen wieder uk.-gestellt und entlassen. Am 5. Oktober 1940 wurde er erneut zur 4.Kraftfahr-Ersatzabteilung 17 nach Enns eingezogen und nach abgeschlossener Grundausbildung am 6. Dezember 1940 zur 100.I.D. versetzt. Am 9. April 1941 wurde er auf Grund eines Antrages seiner Heimatgemeinde wiederum als unabkömmlich zur Bewirtschaftung seines Gutes entlassen.

Der Angeklagte ist deutscher Staatsangehöriger, römisch-katholischen Bekenntnisses, hat seinen Wohnsitz in Radegund (Oberdonau) und ist wegen Raufhandels mit drei Tagen Arrest vorbestraft. Eine Beurteilung durch seine militärischen Vorgesetzten liegt nicht vor. Er ist weder Mitglied der Partei noch einer ihrer Gliederungen.

Er wurde am 2. März 1943 festgenommen und befindet sich auf Grund des Haftbefehls des Gerichts der Division Nr. 487 vom 10. März 1943 in Untersuchungshaft.

II.

Im Februar 1943 wurde der Angeklagte durch schriftlichen Befehl für den 25. Februar 1943 zum aktiven Wehrdienst erneut zur Kraftfahr-Ersatzabteilung 17 nach Enns einberufen. Er leistete der Einberufung zunächst keine Folge, weil er den Nationalsozialismus ablehnt und deshalb keinen Wehrdienst leisten will. Auf Drängen seiner Familienangehörigen und auf das Zureden seines Ortspfarrers meldete er sich schliesslich am 1. März 1943 bei der Stammkompanie Kraftfahr-Ersatzabteilung 17 in Enns, erklärte aber sofort, dass er auf Grund seiner religiösen Einstellung den Wehrdienst mit der Waffe ablehne. Bei seiner Vernehmung durch den Gerichtsoffizier blieb er trotz eingehender Belehrung und Hinweises auf die Folgen seines Verhaltens bei seiner ablehnenden Haltung. Er erklärte, dass er gegen sein religiöses Gewissen handeln würde, wenn er für den nationalsozialistischen Staat kämpfen würde. Diese ablehnende Haltung nahm er auch bei seiner Vernehmung durch den Untersuchungsführer des Gerichts der Division Nr. 487 in Linz und durch den Vertreter der Reichskriegsanwaltschaft ein. Er erklärte sich jedoch bereit, als Sanitätssoldat aus christlicher Nächstenliebe Dienst zu tun. In der Hauptverhandlung wiederholte er seine Erklärungen und fügte hinzu: Er sei erst im Laufe des letzten Jahres zu der Überzeugung gelangt, dass er als gläubiger Katholik keinen Wehrdienst leisten dürfe; er könne nicht gleichzeitig Nationalsozialist und Katholik sein; das sei unmöglich. Wenn er den früheren Einberufungsbefehlen Folge geleistet habe, so habe er es getan, weil er es damals für Sünde angesehen habe, den Befehlen des Staates nicht zu gehorchen; jetzt habe Gott ihm den Gedanken gegeben, dass es keine Sünde sei, den Dienst mit der Waffe zu verweigern; es gebe Dinge, wo man Gott mehr gehorchen müsse als den Menschen; auf Grund des Gebotes "Du sollst Deinen Nächsten lieben wie Dich selbst" dürfe er nicht mit der Waffe kämpfen. Er sei jedoch bereit, als Sanitätssoldat Dienst zu leisten.

Diese Feststellungen beruhen auf den eigenen glaubhaften Angaben des Angeklagten, der im vollen Umfange geständig ist, sowie auf dem gemäss § 60 KStVO. verwerteten Ergebnisse des Ermittlungsverfahrens.

III.

III.

Als deutscher Staatsangehöriger ist der Angeklagte, der sich im wehrdienstfähigen Alter befindet, wehrpflichtig. Mit dem Tage seiner Einberufung ist er Soldat geworden. Dadurch, dass er der Einberufung nicht sofort, sondern erst nach einer Woche nachkam und dass er es auch danach ablehnte, den geforderten Dienst mit der Waffe zu leisten, hat er es unternommen, sich dem Wehrdienst zu entziehen. Er hat sich dadurch der Zersetzung der Wehrkraft schuldig gemacht und ist deshalb gemäss § 5 Abs. 1 Ziffer 3 KSSVO. zu bestrafen. Die Strafbarkeit seiner Handlung wird nicht dadurch ausgeschlossen, dass er sein Verhalten nach seinem Gewissen und seiner religiösen Überzeugung für geboten erachtet (§ 48 MStGB.). Anhaltspunkte dafür, dass er für sein Verhalten nicht verantwortlich sei, sind nicht gegeben. Nach dem Gutachten des Truppenarztes Oberstabsarzt Dr. Nitze vom Wehrmachtuntersuchungsgefängnis Berlin-Tegel ist der Angeklagte völlig normal, so dass an seiner Zurechnungsfähigkeit nicht zu zweifeln ist. Fälle von Geistes- oder Erbkrankheiten sind in seiner Familie nicht festgestellt worden.

IV.

Das Verbrechen der Zersetzung der Wehrkraft ist mit dem Tode bedroht. Nur in minder schweren Fällen kann auf Zuchthaus oder Gefängnis erkannt werden. Ein solcher minder schwerer Fall ist nicht gegeben. Der Angeklagte war bereits sechs Monate Soldat, hat den Fahneneid auf den Führer und Obersten Befehlshaber der Wehrmacht geleistet und ist während seiner Dienstzeit über die Pflichten des deutschen Soldaten hinreichend belehrt worden. Gleichwohl lehnt er es hartnäckig trotz Hinweises auf die Folgen seines Verhaltens aus persönlichen Gründen ab, in Deutschlands schwerem Daseinskampf seine vaterländische Pflicht als Soldat zu erfüllen. Danach ist auf die Todesstrafe zu erkennen.

Die Verurteilung zum Tode hat gemäss § 31 Ziffer 1 MStGB. den Verlust der Wehrwürdigkeit zur Folge. Da der Angeklagte sich durch sein Verhalten als ehrlos erwiesen hat, werden ihm gemäss § 32 die bürgerlichen Ehrenrechte aberkannt.

gez. Lueben   Musshoff   Arps   Schreiber   Ranft.

Der Präsident   Berlin, den 14. 7. 1943.

des Reichskriegsgerichts

als Gerichtsherr

StPL (RKA) I 98/43.

Bestätigungsverfügung.

Ich bestätige das Urteil.
Das Urteil ist zu vollstrecken.

gez. Bastian
Admiral.

Landgericht Berlin

Beschluß

Geschäftsnummer:

517 AR 2/97 - 2 P Aufh. 1/97 -

In der Aufhebungssache

betreffend   Franz Jägerstätter,

geboren am 20. Mai 1907 in Radegund (Oberdonau)/Österreich,

wird auf die Anträge von Franziska Jägerstätter, Rosalia Sigl, Maria Dammer, Aloisia Maier sowie auf den Antrag der Staatsanwaltschaft I bei dem Landgericht Berlin das Feldurteil des Reichskriegsgerichts vom 6. Juli 1943 -- StPL (HLS) II 53/43 - StPL (RKA) I 98/43 -- aufgehoben.

Die Entscheidung beruht auf politischen Gründen, da der Betroffene zum Tode verurteilt wurde, um auf diese Weise die politisch gewollte Abschreckung zu erreichen, die das Reichs-kriegsgericht mit einer Vielzahl von Todesurteilen gegen Bibelforscher und andere Kirchen-angehörige (vgl. hierzu Haase, Das Reichskriegsgericht und der Widerstand gegen die natio-nalsozialistische Herrschaft, S. 47 ff.) zu erreichen suchte.

Berlin, den 7. Mai 1997

Landgericht Berlin, Strafkammer 17

Baae   Lohrengel   Groth

Beglaubigt

Justizangestellte

*Jägerstätter-Glasfenster in
der Wiener Votivkirche*

Franz Jägerstätter:
Gott gehorchen – mehr als den Menschen

Alfons Riedl, Severin Renoldner

Franz Jägerstätter verweigerte 1943 nach erneuter Einberufung den Soldatendienst in der deutschen Wehrmacht und wurde deshalb wegen Wehrkraftzersetzung zum Tod verurteilt und enthauptet. In seiner Zeit sprach man viel vom Gehorsam gegen Gott und die „Obrigkeit". Jägerstätter wusste um die moralische und religiöse Verpflichtung zum Gehorsam. Aber das bedeutete für ihn – im Sinn der Bibel – keine unkritische Haltung. Nach seinen eigenen Worten muss man wissen (und Gott um die Erkenntnis bitten),„wann, wem und wo wir zu gehorchen haben". Nach dem Vorbild des Gehorsams Jesu bis zum Tod sind wir nur dem Willen Gottes, aber menschlichen Gesetzen und Befehlen nicht unter allen Umständen verpflichtet.

Ehe und Familie waren für Jägerstätter Stütze wie Ausdruck seines christlichen Lebens. Mit seiner Frau Franziska pflegte er das gemeinsame Gebet, den Besuch der Gottesdienste, und die Lesung der Hl. Schrift. Für sein Milieu ungewöhnlich ging er sehr regelmäßig auch zur Kommunion. Seine Frau war seine gute Begleiterin, verstand ihn im Innersten und gab ihm Kraft. Die Liebe zu Gott und den Menschen hatte in ihrem Haus einen festen Platz. Der liebende Gott ließ ihn froh und dankbar das Schöne und Gute annehmen. Zugleich war für ihn die Vertrauen und Geborgenheit schenkende Liebe Gottes auch ein Anspruch, das Leben nach dem Willen Gottes auszurichten – nicht in der Haltung eines bedrückenden Gehorsams, sondern einer Ergebenheit, die dem Leben Sinn und Hoffnung gibt.

Im Widerstreit der Meinungen: Gewissens - Entscheidung für Gott

Der Wille Gottes hatte für Franz Jägerstätter Vorrang vor irdischen Gesetzen, aber auch vor menschlichen Meinungen und Rücksichten. Dies konnte wie im Urchristentum den Mut erfordern, den Glauben auch unter Widerständen zu bekennen und gegen den Strom zu schwimmen.

Jägerstätter nahm den Glauben auch ernst, indem er vor „Menschenfurcht" warnte und im Urteil des eigenen Gewissens Gottes Willen zu erkennen suchte. Er erkannte: es braucht eine eindeutige und konsequente Entscheidung. Dabei gilt es auch bereit zu sein, das „Kreuz" auf sich zu nehmen. Er erkannte seinen Weg als den einzigen für ihn persönlich richtigen, der ihm in der Nachfolge Christi aufgetragen war, und gab so sein Zeugnis für ihn.

Franz Jägerstätter hat sich seine konflikthafte und folgenschwere Entscheidung nicht leicht gemacht. Ihm war bewusst, dass jeder Mensch für sein eigenes Handeln (gemäß seiner Einsicht) verantwortlich ist und diese Verantwortung nicht an andere, auch nicht an kirchliche Autoritäten abtreten kann. Letztlich steht jeder Mensch in seinem Gewissen unmittelbar und allein vor Gott. Diese Erkenntnis hielt Jägerstätter für eine besondere, ihm geschenkte Gnade, der er entsprechen wollte.

Verantwortung im öffentlichen und sozialen Leben

Jägerstätter war bewusst, dass sich der Anspruch des Glaubens gemäß dem Gewissen auch auf den öffentli-

„Man soll nicht immer fragen oder sich fragen, bin ich über dies verantwortlich oder nicht, sondern ist es Gott auch wohlgefällig, was ich tue."

*Franziska Jägerstätter hat jahr-
zehntelang das Gedächtnis an
ihren Mann bewahrt*

*Prämierte SchülerInnenarbeiten
(2003)*

*Christina Allerstorfer (Mitte)
Clemens Haas (ganz rechts)*

chen, politischen und gesellschaftlichen Bereich erstreckt. Die politische Mitverantwortung der Einzelnen, die sich nicht auf Befehle der Vorgesetzten oder „die Obrigkeit" berufen können, stand ihm klar vor Augen. Im Nationalsozialismus sah er eine letztlich widergöttliche Macht, zu der er sich – wie viele andere – nur ablehnend verhalten konnte. In einer erstaunlich klaren, geradezu prophetischen Sicht hat er – obwohl er wenig genaue Informationen besaß – das politische Unrechtssystem durchschaut und sich über die Problematik des Hitler-Krieges keiner Täuschung hingegeben. Jägerstätter lehnte das Töten anderer Menschen im Krieg ab, besonders auch deshalb, weil er überzeugt war, dass er damit nur dem Machthunger und der Gier des Regimes dienen würde.

Für Jägerstätter standen das NS-Regime, seine Gräueltaten und sein Krieg so sehr im Widerspruch zum christlichen Glauben, dass er dazu ein entschiedenes „Nein" sagen musste. Er tat dies durch die Verweigerung

**Kardinal Dr. Christoph
Schönborn**
Erzbischof von Wien

*Franz Jägerstätter ist einer der
großen „Märtyrer des
Gewissens". Im Gewissen hört
der Mensch die Stimme Gottes, die oft leise ist
und seine Freiheit voll respektiert. Franz
Jägerstätter entschloss sich in dunkler Zeit, dieser
leisen Stimme Gehorsam zu leisten – bis zur
äußersten Konsequenz, bis zum Opfer seines
Lebens. Das ist seine Botschaft für heute: Die
Treue zum Gewissen, zur Stimme Gottes im
Innersten des Menschen.*

jeder Mitwirkung, zuletzt des Soldatendienstes. Obwohl seine Entscheidung kaum „Erfolg" versprach (sie konnte den NS-Staat nicht schwächen oder den Krieg abkürzen),

Oberkirchenrätin
Dr.in Hannelore Reiner

Evang. Kirche A.B. in Österreich

Seit ich die Lebensgeschichte von Franz Jägerstätter - und seiner Frau – kenne, beeindruckt mich die Geradlinigkeit seines Denkens. Hinter seiner entschiedenen Weigerung, als Soldat am 2. Weltkrieg teilzunehmen, steht kein „Insider-Wissen" und keine familiäre Prägung zum Widerstand. Es ist schlicht sein Glaube an den Gott des Friedens, der ihn in die Entscheidung führte, entweder einem Unrechtsregime Gehorsam zu leisten oder den Kriegsdienst abzulehnen und das „Kreuz" auf sich zu nehmen. Nachfolge Jesu in letzter Konsequenz wie diese beiden sie gegangen sind, bleibt Herausforderung für jeden Christen und jede Christin.

hat Jägerstätter seinem Gewissen Ausdruck gegeben, und so der Nachwelt ein Zeichen gesetzt.

Jägerstätter kam zur Überzeugung, dass er aufgrund seiner gnadenhaften Erkenntnis über die widergöttliche Macht des NS-Systems verpflichtet sei, diesem seine ganze Kraft entgegen zu stellen und seinen Sieg - der im Gegensatz zur Botschaft Christi stand - keinesfalls zu unterstützen. Damit gab er sein Leben als Märtyrer für den Glauben an Christus hin.

Weil er wusste, wie viel für ihn und seine Familie auf dem Spiel stand, hat er sein Gewissensurteil offen dargelegt. Er litt daran, dass es für seine Frau schmerzlich war, hielt aber seine vor Gott getroffene Entscheidung bis zur letzten Konsequenz durch. Von Gott wusste sich Franz Jägerstätter herausgefordert, von Gott aber auch gehalten und getröstet. Im Glauben an Gott und in der Treue zu seinem Willen hatten auch die damit verbundenen ungemein schmerzvollen Opfer ihren Platz.

*Volkstümliche
Skulptur von
Gerhard Kirchner
für die Ausstellung
„Unsere Heiligen"*

*Gedenktafel aus
Montana (USA)
am Grab
Jägerstätters*

DANK SEI GOTT FÜR JÄGERSTÄTTER!
ER WUSSTE, DASS WIR ALLE BRÜDER
SIND UND DASS DAS GEBOT CHRISTI
FÜR ALLE GILT. ER IST NICHT UMSONST
GESTORBEN! MÖGE DIE GROSSE LIEBE
GOTTES UND SEINES SOHNES JESU
CHRISTI DIE HERZEN ALLER MENSCHEN
ERFÜLLEN! MÖGE DIESE GROSSE LIEBE
DIE WELT DURCHEILEN, DAMIT DER
FRIEDE GOTTES IN DIE HERZEN ALLER
MENSCHEN EINZIEHE. AMEN.

BRUDER IN CHRISTUS
MISSOULA, MONTANA, U.S.A.
9. AUGUST 1968.

Jägerstätter – ein Zeichen

Glaubensgestalten wie Franz Jägerstätter sind nicht nur von ihrer moralischen und religiösen Gesinnung und Handlungsweise her zu betrachten, sondern auch als Wirkweisen der Gnade Gottes, als Zeichen, die Gott uns in einer bestimmten Zeit setzt. Sie sollen uns auf unserem Glaubensweg Orientierung und Motivation geben.

Jägerstätters „Botschaft" ist die Treue zum Gewissen und der gelebte Glaube, der auch politische Verantwortung übernimmt - d.h.: die gläubige Ausrichtung des Lebens am Willen Gottes im privaten wie im öffentlichen Bereich, unter dem unabtretbaren persönlichen Gewissensanspruch, in Wahrnehmung der sozialen Verantwortung, selbst unter Widerständen und mit letzter Konsequenz.

Dieses Zeugnis ist für die Gegenwart aktuell: der Anruf an das eigene Gewissen und das Ernstnehmen der Verantwortung jedes Einzelnen (auch in Form der Verweigerung) angesichts der Bedrohung von Menschen-

„Wollen wir den Frieden für uns und auch für andre, so müssen wir trachten, gänzlich jenem nachzuahmen, der uns den Frieden gebracht hat…"

würde, Leben und Frieden durch politische, wirtschaftliche und gesellschaftliche Mächte.

Seligsprechung

Mit der Seligsprechung erklärt die Kirche nicht nur, dass Franz Jägerstätter zu den bei Gott Vollendeten („Seligen") gehört, sondern dass sein Leben und Handeln in herausragender Weise vorbildhaft ist und damit ein Zeichen Gottes für unsere Zeit darstellt. Jägerstätter hat den Märtyrertod für den Glauben an Jesus Christus und die Treue zu seiner Botschaft erlitten.

Das Zeugnis Jägerstätters soll bei uns einen Prozess des Nachdenkens auslösen, der die „politische" Dimension des Glaubens wach hält, den Gehorsam (Apg 5,29) neu überdenkt, kritischen Sinn und selbstständiges Urteil fördert und dazu anregt, nicht an Unrecht und Gewalt mitzuwirken. Diese Betonung von Verantwortung und Gewissen ist auch für die Kirche selbst von Bedeutung.

Univ. - Prof.[in] **Dr.**[in] **Ilse Kögler**
Prorektorin der Kath.-Theol. Privatuniversität Linz

Pazifismus mit Entschiedenheit! Ohne Rücksicht auf die Folgen! Er muss schon eine starke Persönlichkeit gewesen sein …, nicht gleichgeschaltet; mit den Nazis schon gar nicht, nicht einmal mit dem üblichen "schauen, wie man durchkommt".
Jägerstätters kompromisslose Entschiedenheit reifte in ihm selbst: ein Kontra zum Morden zu setzen. Was er uns heute ist? Kein Ja-Sager – nur weil es die anderen tun. Ein Verweigerer, der mehr in sich trägt, als nur in den Forderungen von außen aufzugehen. Eine Persönlichkeit, die ihren Anker im Gott des Friedens festmacht.

Gebet um Seligsprechung
von Franz Jägerstätter

Herr Jesus Christus,
Du hast Deinen Diener Franz Jägerstätter
mit einer tiefen Liebe zu Dir,
zu seiner Familie und zu allen Menschen erfüllt.
In einer Zeit der gott- und menschenverachtenden Barbarei
hast Du ihm ein unbestechliches und klares Urteil geschenkt.
Im Glauben und in der Treue zu seinem Gewissen hat er ein
entschiedenes Nein zum Nationalsozialismus
und zum ungerechten Krieg gesagt.
So hat er sein Leben hingegeben.
Wir bitten Dich: Zeige ihn der Kirche als Seligen,
damit sich viele an ihm aufrichten und durch sein Beispiel
in der Liebe zu Dir und den Menschen wachsen.
Lass sein Vorbild leuchten in unserer Zeit,
und schenke allen die Kraft,
für Gerechtigkeit, Frieden und Menschenwürde einzutreten.
Dir sei Ruhm und Ehre
mit dem Vater und dem Heiligen Geist
jetzt und allezeit und in Ewigkeit.

Amen.

Wer kann und will mir diese 10 Fragen die ich hier stelle beantworten.

1.) Wer gibt uns die Garantie das es nicht im geringsten mehr gewagt ist einer Partei beizutreten wenn bestehen wird das Geschautum wiederzustellen?

2.) Wenn hat der christliche Bekennt die entscheidung und Gutheißung erhalten das man jetzt alles thun und befolgen darf was die Nazionalsozialistischen Partei oder Regierung will und befiehlt über eine und wünscht?

3.) Wenn das alles jetzt für recht und gut befunden wird wenn man die Volksgemeinschaft als Mittelund angesehrt für die handelt oder erstrebt muß es nicht das es nicht mithut für schlecht und ungerecht erklärt werden oder wie das Kann hie nicht gut sein?

4.) Wie sehr Katholik gesinnt sich diese Kindheit die Deutschland schon in unseren Ländern übernommen hat und noch immer weiter süßt für einen gerechten und heiligen Krieg zurückkommen?

5.) Wer getraut sich zu behaupten das vom deutschen Volke in diesem Kriege wo immer die Verantwortung trägt, weshalb müßten noch so viele Millionen Deutsche ihr "Ja," oder, Nein," sagen lassen?

6.) Mit wem können die und die Vorgesetzten wollen ihren Kinder und besseren ihren begangenen Sünden die sie durch Verführung begangen haben oder in den Himmel kommen?

7.) Warum führt man die deutsche für den Nazionalsozialismus heute auch in den deutschen Österreich als Helden? Hat man das nicht schon bei uns vor eine Jahren noch völlig verkannt?

8.) Wenn also die deutschen Volkstum die im deutsche für das Nationalsozialistische ihre Weltanschauung die haben lassen oder lassen müssen, für Helden und Heilige erklärt werden können, um einmal besser muß es dem nach für die Volkstum in den andern Ländern bestellt sein die von den deutschen überfallen werden und hinwegziehen um ihr Vaterland zu verteidigen, Kann man die diesen Krieg noch als Straßen-Gelten ansehen ist es dem nicht besser zu lesen das der Krieg fortkommen eine undmich der Welt als zu leben das er bald erschein wenn das gerade in Helden und Heilige dennoch hervorgehen?

9.) Wie kann man den Heiden seinen Kinder noch zu werden Katholiken wegen wenn man ihnen auch das was früher schwer Wünscht nun Helden für gut oder vernünftens für recht Wünschter erklären soll?

10 Warum soll den jetzt das für gerecht und gut befunden werden was die Massen thut und schenkt? Kann man jetzt auch glücklich und innen Uhr geworden wenn man sich Hals über Kopf von einen mitesst hin läßt?

Wer kann und will mir diese 10 Fragen, die ich hier stelle, beantworten?

1.) Wer gibt uns die Garantie, dass es nicht im geringsten mehr sündhaft ist, einer Partei beizutreten, deren Bestreben es ist, das Christentum auszurotten?

2.) Wann hat das kirchliche Lehramt die Entscheidung und Gutheißung gegeben, dass man jetzt alles tun und befolgen darf, was die Nationalsozialistische Partei oder Regierung uns befiehlt oder von uns wünscht?

3.) Wenn das alles jezt für recht und gut befunden wird, wenn man der Dt. Volksgemeinschaft als Mitglied angehört, für sie sammelt oder opfert, muss nicht dann jedes, das da nicht mittut, für schlecht und ungerecht erklärt werden, denn beides kann doch nicht gut sein?

4.) Welcher Katholik getraut sich, diese Raubzüge, die Deutschland schon in mehrere Länder unternommen hat und noch immer weiterführt, für einen gerechten und heiligen Krieg zu erklären?

5.) Wer getraut sich zu behaupten, dass vom deutschen Volke in diesem Kriege nur einer die Verantwortung trägt, weshalb mussten dann noch soviele Milionen Deutscher ihr „Ja" oder „Nein" hergeben?

6.) Seit wann können denn auch die Verführten, welche ohne Reue und Besserung ihrer begangenen Sünden, die sie durch Verführung begangen haben, auch in den Himmel kommen?

7.) Warum feiert man die Kämpfer für den Nationalsozialismus heute auch in den Kirchen Österreichs als Helden? Hat man denn nicht solche bei uns vor fünf Jahren noch völlig verdammt?

8.) Wenn also die deutschen Soldaten, die im Kampfe für die nationalsozialistische Weltanschauung ihr Leben lassen oder lassen müssen, für Helden und Heilige erklärt werden können, um wieviel besser muss es dann noch für die Soldaten in den anderen Ländern bestellt sein, die von den Deutschen überfallen wurden und hinausziehen, um ihr Vaterland zu verteidigen, kann man da diesen Krieg noch als Strafe Gottes ansehen, ist es dann nicht besser, zu beten, das der Krieg fortdauere bis ans Ende der Welt, als zu beten, dass er bald aufhöre, wenn doch soviele Helden und Heilige daraus hervorgehen?

9.) Wie kann man denn heute seine Kinder noch zu wahren Katholiken erziehen, wenn man ihnen auch das, was früher schwer sündhaft war, heute für gut oder wenigstens für nichts Sündhaftes erklären soll?

10.) Warum soll denn jetzt das für gerecht und gut befunden werden, was die Masse tut und schreit? Kann man jetzt auch glücklich ans andre Ufer gelangen, wenn man sich stets wehrlos vom Strom mitreißen lässt?

Dieser Text findet sich dreimal im handschriftlichen Nachlass von Franz Jägerstätter. Er enthält seine wichtigsten Argumente für die zahlreichen Streitgespräche in seinem persönlichem Umfeld. Er diente vermutlich als Vorbereitung für die Gespräche mit Priestern.

Literatur, Medien

Zahn Gordon C., **In Solitary Witness.** The Life and Death of Franz Jägerstätter. Illinois 1986. Dt.: Er folgte seinem Gewissen. Das einsame Zeugnis des Franz Jägerstätter. Graz 1979

Bergmann Georg, **Franz Jägerstätter. Ein Leben von Gewissen entschieden.** Stein a. Rhein 1988 (1980)

Putz Erna, **Franz Jägerstätter. ...besser die Hände als der Wille gefesselt...** Grünbach 1997 (Linz 1987; 1985)

Putz Erna, **Gefängnisbriefe und Aufzeichnungen.** Franz Jägerstätter verweigert 1943 den Wehrdienst. Linz 1987

Winklbauer Martin, **Das Vermächtnis.** Ein authentisches Stück nach dem Leben des Franz Jägerstätter. Grafenau 1991

Benesch Kurt, **Die Suche nach Jägerstätter.** Ein biographischer Roman. Graz-Wien-Köln 1993

Franz Jägerstätter. Christlicher Glaube und politisches Gewissen. Hrsg. von Alfons Riedl und Josef Schwabeneder. Thaur 1997.

Franz Jägerstätter. Zur Erinnerung seines Zeugnisses. Eine Handreichung. Hrsg. von Pax Christi Oberösterreich. Linz 1999

Franz Jägerstätter. Gedenken und Gebet. Novene. Hrsg. von der Diözese Linz, 2000

Ge-Denken. Mauthausen/Gusen – Hartheim – St. Radegund. Hrsg. von Manfred Scheuer. Linz 2002

Wir haben einander gestärkt. Briefe an Franziska Jägerstätter zum 90. Geburtstag. Hrsg. von Erna Putz und Manfred Scheuer. Edition Kirchenzeitung 2003

Schlager-Weidinger Thomas, **Jägerstätter - aus dem Rahmen der Gesellschaft.** Das Leben und die Motive des Franz Jägerstätter. CD-ROM der edition einblick. Linz 2003

Sofern lieferbar, sind diese Titel im BEHELFSDIENST der Diözese Linz (0732/7610-3813, www.behelfsdienst.at) erhältlich.

Hörbild

„Besser die Hände gefesselt als der Wille". Das Vermächtnis des Kriegsdienstverweigerers Franz Jägerstätter. Ein Feature von Klaus Ihlau, Radio Brandenburg 1995, Preis der internationalen Hörspieltagung in Rust 1995, UNDA-Preis 1996; Klaus Ihlau, Journalist E-Mail: kontakt@klausihlau.com

Medien zum Ausleihen

... besser die Hände gefesselt als der Wille ... die Konsequenz des Franz Jägerstätter. (VHS-Video) Andreas Gruber/A 1988/Dokumentarspiel/45 Min. Ein Mensch handelt aus Überzeugung, er folgt seinem Gewissen, sogar bis in den Tod. Ein Dokumentarspiel mit Interviews wo deutlich wird, welche Kraft hinter dieser Gewissensentscheidung des Franz Jägerstätter stand.

Der Fall Jägerstätter, Wehrdienstverweigerung aus Gewissensgründen Axel Corti/A 1971/Spielfilm/90 Min. (VHS-Video) Franz Jägerstätter, ein oberösterreichischer Bauer, ist am verbrecherischen Hitler-Regime gescheitert. Doch geblieben ist die Achtung vor einem Menschen, der sein Gewissen höher stellte als den militärischen Befehl. Jägerstätter wurde 1943 von den Nationalsozialisten hingerichtet. Er hatte sich aus humanitären und religiösen Gründen geweigert, im Zweiten Weltkrieg seiner soldatischen Pflicht mit der Waffe in der Hand nachzukommen. Der Dokumentarspielfilm ist ein aufrüttelndes Zeugnis von Humanität, christlichem Leben und Verbrechen an der Menschlichkeit gleichermaßen.